À Nico et Alex, les experts

FOOT

40 JOUEURS DE LÉGENDE

....

Jean-Michel Billioud & Almasty

GALLIMARD JEUNESSE

LA PASSION DU FOOTBALL

Q ui sont les **40 plus grands joueurs de l'histoire** du football ? Il est difficile de répondre à une question comme celle-ci car les critères pour sélectionner les meilleurs sont très nombreux.

On peut considérer la seule virtuosité ou bien distinguer ceux qui ont marqué le plus de buts ou... qui en ont encaissés le moins. On peut aussi choisir des joueurs récompensés individuellement ou bien ceux qui ont gagné des titres avec leur club ou leur équipe nationale. Aucune sélection n'est meilleure qu'une autre. Mis à part celle de ce livre, bien sûr !

Au fil des pages, vous allez découvrir les joueurs mythiques – comme le roi Pelé ou le milieu offensif Zinédine Zidane. Leurs crampons ont laissé une empreinte indélébile dans la légende du ballon rond. Il y a aussi les stars d'aujourd'hui – tels Lionel Messi ou Cristiano Ronaldo. Évidemment, il faut aussi offrir leur chance aux grands espoirs, comme Antoine Griezmann, Paul Pogba ou Eden Hazard. Il est également très important de donner une belle place aux grandes joueuses. Il existe des équipes féminines et des vedettes (Mia Hamm, Marta ou Nadine Angerer) depuis plus d'un siècle mais leur reconnaissance est toute récente !

Les joueurs de ce livre forment une sélection extraordinaire. Ce serait un vrai casse-tête pour un entraîneur de choisir les 11 meilleurs joueurs parmi eux. Il devrait laisser de sacrés numéros sur le banc des remplaçants !

21
ZHENG ZHI
·

22
SAMUEL ETO'O
·

23
ZLATAN IBRAHIMOVIC

24
LANDON DONOVAN

25
ANDRÉS
INIESTA
·

26
CRISTIANO
RONALDO
·

27
MANUEL
NEUER
·

28
SERGIO RAMOS

29
LIONEL MESSI
·

30
SERGIO
AGÜERO
·

31
TONI
KROOS
·

32
ANTOINE
GRIEZMANN
·

33
EDEN HAZARD
·

34
NEYMAR
·

35
MARCO
VERRATTI
·

36
PAUL
POGBA
·

37
MIA HAMM
·

38
NADINE ANGERER
·

39
MARTA
·

40
AMANDINE
HENRY
·

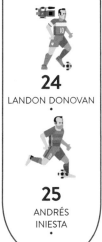

ALFREDO DI STÉFANO

Star des stars du grand Real Madrid des années 1950, Alfredo Di Stéfano est considéré par le roi Pelé en personne comme le meilleur footballeur de l'histoire. Leader charismatique, à la fois meneur de jeu et avant-centre prolifique, meilleur buteur de trois championnats différents, il a toujours choisi de mettre son talent au service de ses équipiers plutôt que de briller égoïstement. Sous la conduite de son maestro, « la Maison blanche » – le Real – règne sur le football européen et devient le meilleur club du monde.

307
buts avec
le Real

LE COMPLIMENT QUI TUE

« Je ne sais pas si j'ai été un meilleur joueur que Pelé, mais sans aucun doute Di Stéfano était meilleur que lui. »
Diégo Maradona

LE BON MOMENT

En 1960, lors de l'une de ses plus belles finales, Alfredo Di Stéfano s'est offert un magnifique triplé face aux Allemands de l'Eintracht Francfort. Le Real l'emporte 7 buts à 3 !

MARQUE DU TEMPS

Avec les années,
son surnom est passé
de « flèche blonde »
à « divin chauve ».

SEUL REGRET

Une déchirure musculaire
à l'aine l'empêche de jouer
la Coupe du monde 1962.
Il ne participera jamais à
la grand-messe du football.

VIF-ARGENT

Di Stéfano excelle
dans les dribbles
et les passes courtes.

**ARGENTIN
PUIS ESPAGNOL**
6 sélections
et 6 buts avec
l'Argentine
31 sélections
et 23 buts avec
l'Espagne

ÉTAT CIVIL
Né en 1926
Mort en 2014

POSTE
Attaquant

CLUB MAJEUR
Real Madrid

TAILLE PATRON

FERENC PUSKÁS

RECONVERSION

Il devient entraîneur et emmène le club modeste de Panathinaïkos en finale de la Coupe des clubs champions en 1971.

Stratège de l'équipe de Hongrie qui ne perdit qu'un match entre 1950 et 1956 – la finale de la Coupe du monde –, Ferenc Puskás est aussi l'une des stars du Real Madrid qui domine alors l'Europe. Avec Di Stéfano, il forme un duo capable de marquer à tout moment. En 1960, le Real remporte la Coupe des clubs champions européens contre l'Eintracht Francfort avec 3 buts de Di Stéfano et 4 de Puskás. Deux ans plus tard, il marque les 3 buts de son équipe en finale de la même compétition mais Benfica inscrit... 5 buts !

242
buts en 262 matchs officiels avec le Real

JOUEUR ET MILITAIRE

Au début de sa carrière, Puskás est le maître à jouer du Honvéd de Budapest, le club officiel de l'armée. C'est à cette époque qu'il reçoit son surnom de « major galopant », référence à son véritable grade.

DOUBLE VICTOIRE

Le 25 novembre 1953, la Hongrie est la première équipe d'Europe continentale à vaincre l'Angleterre sur son sol, à Wembley. Les Magyars l'emportent 6 buts à 3, dont 2 de Puskás. Six mois plus tard, les Britanniques sont humiliés 7 buts à 1 à Budapest.

RÉCOMPENSE

Puskás a remporté la médaille d'or aux jeux Olympiques d'Helsinki.

CITOYEN DU MONDE

Il a aussi joué
quatre matchs
avec la sélection
espagnole.

**HONGROIS PUIS
ESPAGNOL**
85 sélections en
équipe nationale
de Hongrie
84 buts en
sélection

ÉTAT CIVIL
Né en 1927
Mort en 2006

POSTE
Attaquant

CLUBS MAJEURS
Budapest Honvéd
et Real Madrid

PAS DE CHANCE

Blessé à la cheville,
Puskás perd la finale
de la Coupe du
monde 1954 contre
l'Allemagne de l'Ouest.

REDOUTABLE

Le pied gauche
de Puskás était
aussi précis que
surpuissant.

LE MAJOR GALOPANT

LEV YACHINE

Imbattable sur les balles aériennes, le gardien de la flamboyante équipe d'URSS des années 1960 devient une icône à son poste. Premier gardien moderne, il n'hésite pas à sortir de sa surface pour bloquer les attaques et relancer ausitôt pour déstabiliser ses adversaires. Impressionnant par son charisme, sa taille et sa vivacité, il a arrêté plus de 100 penaltys. Puissant, doté d'étonnants réflexes, courageux, il n'hésitait pas à plonger dans les pieds des attaquants. Il raccroche les gants à 40 ans !

RÉCOMPENSE
Il est le seul gardien de but lauréat d'un Ballon d'or (1963)

812
matchs officiels

GARDIEN À TOUT FAIRE

Au début de sa carrière au Dynamo de Moscou, alors qu'il était ajusteur-outilleur dans l'usine sidérurgique où travaillaient ses parents, il gardait les buts de... l'équipe de hockey sur glace !

UNE VISION ORIGINALE

Yachine expliquait ses nombreuses sorties loin de ses cages : « Attendre passivement sur cette ligne blanche est facile, réducteur et même parfois ridicule. Pourquoi priver l'équipe d'un joueur de champ supplémentaire quand cela est possible ? »

PALMARÈS

Champion olympique (1956)

Champion d'Europe (1960)

Champion d'URSS (1954, 1955, 1957, 1959 et 1963)

Coupe d'URSS (1953, 1967 et 1970)

LA BELLE ÉPOQUE

Lev Yachine
aimait jouer avec
une casquette.

ULTRA-RAPIDE

Il relançait souvent
le ballon comme
un joueur de handball
pour aller plus vite.

MAN IN BLACK

Toujours vêtu
de sombre, il était
surnommé
« l'araignée noire ».

RUSSE (URSS)
78 sélections en
équipe nationale

ÉTAT CIVIL
Né en 1929
Mort en 1990

POSTE
Gardien de but

CLUB MAJEUR
Dynamo Moscou

GARDIEN RÉVOLUTIONNAIRE

GARRINCHA

Malgré son génie, Vasco, Fluminense et Flamengo avaient refusé de le recruter quand il était jeune !

1

seule défaite
en 50
sélections

Attaquant de génie, Manoel Francisco dos Santos, surnommé « Garrincha » (petit oiseau), était aussi imprévisible qu'insaisissable. Idole du Brésil des années 1950 et 1960, son célèbre dribble chaloupé lui permettait de gagner presque tous ses duels : une feinte de démarrage à gauche puis un brusque départ à droite de l'extérieur du pied. Un geste simple exécuté à une vitesse folle. Alcoolique et désargenté, Garrincha sombre dans la misère et meurt à moins de 50 ans.

PHILOSOPHE

Aussi inspiré sur le terrain que dans ses déclarations, Garrincha enchantait journalistes et supporters par son bon sens : « Gagner la Coupe du monde ? Rien n'est plus facile car il n'y a que 6 matchs et sans aller-retour en plus ! »

FAIR-PLAY

En demi-finale de la Coupe du monde 1962, Garrincha est expulsé pour avoir botté les fesses d'un joueur chilien. Mais il peut jouer la finale... et la gagner !

GLAMOUR

Garrincha forme un couple immensément populaire au Brésil avec la chanteuse Elza Soarés. Chacun des faits et gestes de la reine de la samba et du prince du football, leurs disputes comme leurs fêtes somptueuses, sont suivis par la presse et leurs admirateurs.

PALMARÈS

Coupe du monde
(1958, 1962)

Champion
de l'État de Rio
(1957, 1961
et 1962)

Meilleur buteur
de la Coupe
du monde 1962

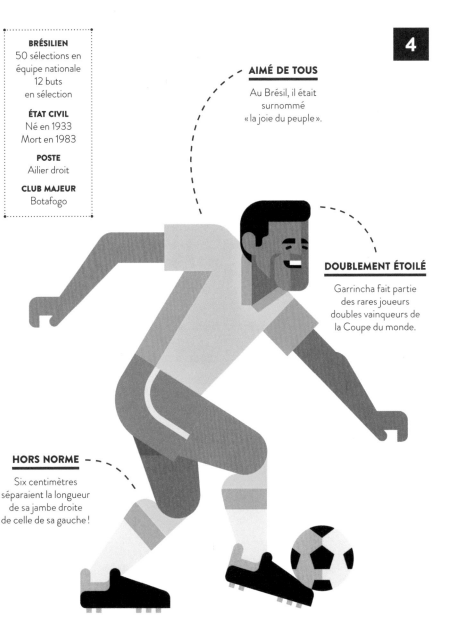

BRÉSILIEN
50 sélections en
équipe nationale
12 buts
en sélection

ÉTAT CIVIL
Né en 1933
Mort en 1983

POSTE
Ailier droit

CLUB MAJEUR
Botafogo

AIMÉ DE TOUS

Au Brésil, il était
surnommé
« la joie du peuple ».

DOUBLEMENT ÉTOILÉ

Garrincha fait partie
des rares joueurs
doubles vainqueurs de
la Coupe du monde.

HORS NORME

Six centimètres
séparaient la longueur
de sa jambe droite
de celle de sa gauche !

LIBRE COMME UN OISEAU

GÉNIE PRÉCOCE

Pelé est le plus jeune vainqueur et le plus jeune buteur de l'histoire de la Coupe du monde de football. Depuis ses exploits, d'autres joueurs plus jeunes que lui à l'époque ont joué cette compétition... mais sans la gagner.

Lors d'un match entre Fluminense et son club de Santos, le 5 mars 1961, Pelé élimine 7 joueurs et va marquer devant 120 000 spectateurs un de ses buts les plus spectaculaires.

PELÉ

PALMARÈS

Coupe du monde (1958, 1962, 1970)

Copa Libertadores (1962, 1963)

Coupe intercontinentale (1962, 1963)

Champion du Brésil (1961, 1962, 1963, 1964, 1965 et 1968)

Champion des États-Unis (1977)

Vainqueur de sa première Coupe du monde à 17 ans après avoir inscrit deux buts en finale, Edson Arantes do Nascimento, dit Pelé, marque de son empreinte la Coupe du monde et l'histoire du football. Le Brésil est une pépinière de virtuoses du ballon rond, mais Pelé en reste à jamais le roi. Diamant brut, doté d'une détente exceptionnelle et capable d'inventer des gestes insensés en plein match, ce numéro 10 de légende brille sur les terrains du monde entier et remporte deux autres Coupes du monde.

RECONVERSION

Star de la publicité, Pelé a aussi été ministre des Sports du Brésil entre 1995 et 1998.

UN GAMIN EN OR

Après la victoire du Brésil en finale de la Coupe du monde de 1958 en Suède, Pelé s'effondre de joie dans les bras de son partenaire Didi qui avait presque 12 ans de plus que lui !

77

buts marqués sous le maillot du Brésil

BRÉSILIEN
92 sélections en
équipe nationale

ÉTAT CIVIL
Né en 1940

POSTE
Milieu offensif

CLUBS MAJEURS
Santos FC
et Cosmos
de New York

ÉTOILÉ

Pelé est le seul
joueur de l'histoire
vainqueur de trois
Coupes du monde.

BUTEUR NÉ !

Pelé a marqué
1 284 buts
dans sa carrière.

PROIE RECHERCHÉE

Lors de la Coupe du monde
1966, l'insaisissable Pelé
est sans cesse agressé
par les défenseurs.

LE ROI DE L'ATTAQUE

EUSÉBIO

Eusébio remporte le Ballon d'or en 1965 et se classe deuxième en 1962 et 1966.

Né au Mozambique, alors colonie portugaise, Eusébio da Silva Ferreira, dit Eusébio, fait une entrée fracassante au Benfica de Lisbonne en marquant un triplé pour son premier match en 1961. Sept fois meilleur buteur du championnat portugais, cet avant-centre à la frappe puissante offre onze titres de champion à son club de cœur qu'il maintient au sommet européen pendant une dizaine d'années. Il mène aussi le Portugal en demi-finale de la Coupe du monde de 1966 dont il est le meilleur buteur avec 9 buts.

GLOIRE NATIONALE

Le jour de son enterrement, des dizaines de milliers de personnes ont accompagné Eusébio jusqu'au Panthéon de la nation portugaise. Sur le chemin, le cortège a fait le tour du stade de Benfica devant lequel a été érigée une statue de la star !

PALMARÈS

Coupe d'Europe des clubs champions (1962)

Champion du Portugal (1961, 1963, 1964, 1965, 1967, 1968, 1969, 1971, 1972, 1973 et 1975)

Coupe du Portugal (1962, 1964, 1969, 1970 et 1972)

Finaliste de la Coupe d'Europe des clubs champions (1963, 1965 et 1968)

TALENT PRÉCOCE

Lors de la finale de la Coupe d'Europe des clubs (1962) face au Real Madrid, Eusébio inscrit deux buts en 3 minutes et offre à son club le plus beau des trophées. À 20 ans, le jeune avant-centre fait déjà partie des « grands » d'Europe.

473

buts en 440 matchs avec Benfica

TRANSFERT

Le dictateur Salazar qui dirige le Portugal d'une main de fer interdit le transfert d'Eusébio à l'étranger.

PORTUGAIS
64 sélections en
équipe nationale
41 buts
en sélection

ÉTAT CIVIL
Né en 1942
Mort en 2014

POSTE
Attaquant

CLUB MAJEUR
Benfica Lisbonne

LE PIONNIER

Eusébio a été le premier
joueur noir à remporter
le Ballon d'or.

CANONNIER

Soulier d'or, meilleur
buteur européen en 1968
et 1973, il marque
essentiellement
du pied droit.

UN FÉLIN

Eusébio était réputé
pour sa souplesse
extraordinaire, sa rapidité
et son agilité.

LA PANTHÈRE NOIRE

FRANZ BECKENBAUER

TRANSFERT

En 1977,
il stupéfie
tout le monde
en rejoignant
le Cosmos
de New York.

D'abord milieu de terrain, Becken-bauer s'affirme au poste de libéro et devient le meilleur défenseur du monde au milieu des années 1970. Seigneur incontesté dans sa surface de répara-tion, le *Kaiser* est aussi redouté pour sa vision du jeu et ses longues passes mil-limétrées. Capitaine charismatique de l'équipe du Bayern et de l'Allemagne de l'Ouest, il réalise un triplé historique en Coupe d'Europe des clubs cham-pions (1974, 1975 et 1976) avec son club et remporte en Allemagne, avec la Mannschaft, la Coupe du monde 1974.

PALMARÈS

Coupe du monde
(1974)

Championnat
d'Europe des
nations (1972)

Coupe des clubs
champions (1974,
1975, 1976)

Champion
d'Allemagne
(1969, 1972, 1973,
1974, 1982)

Champion
des États-Unis :
(1977, 1978, 1980)

Il a porté

50

fois le brassard
de capitaine
de l'équipe
d'Allemagne.

SON MATCH DE LÉGENDE

Lors de la demi-finale du Mondial 1970 RFA-Italie, une image fait le tour du monde : le défenseur alle-mand joue le bras en écharpe avec la clavicule cassée.

L'HISTOIRE BÉGAIE

Beckenbauer connaît le même destin comme joueur puis comme entraîneur : une finale de Coupe du monde perdue (1966 et 1986) puis une gagnée (1974 et 1990).

RÉCOMPENSES

Il a reçu
2 Ballons d'or
(1972 et 1976).

ALLEMAND
103 sélections
en équipe
nationale, 14 buts
en sélection

ÉTAT CIVIL
Né en 1945

POSTE
Libéro

CLUB MAJEUR
Bayern
de Munich

LA CLASSE !

Il est surnommé le *Kaiser*
– l'empereur – à cause
de son influence sur le jeu
mais aussi de sa prestance.

AU CHOIX

Il n'a pas de numéro
attribué, il joue parfois
avec le 4, le 5 ou le 6.

UNIQUES

Lui et le Brésilien
Mario Zagallo sont
les seuls à avoir
remporté la Coupe
du monde à la fois
comme joueur
et comme entraîneur.

IMPÉRIAL ET SÛR

GEORGE BEST

Il signe son premier contrat pro le jour de ses 17 ans.

PALMARÈS

Coupe d'Europe des clubs champions (1968)

Champion d'Angleterre (1965 et 1967)

Coupe d'Angleterre (1963)

Né dans un quartier populaire de Belfast (Irlande du Nord), cet ailier droit survole le football européen de 1965 à 1970 sans jouer une seule Coupe du monde ! Aussi célèbre pour ses frasques et son humour que pour son incroyable talent, le numéro 7 de Manchester United invente sans cesse de nouveaux gestes. En 1968, il offre à son club sa première Coupe d'Europe des clubs champions et reçoit le Ballon d'or. Il n'a que 22 ans mais sa carrière est presque finie. Après 1974, il ne joue plus que pour des clubs obscurs.

INCROYABLE

L'aéroport international de Belfast porte son nom.

18

clubs différents l'ont vu jouer sous leur maillot.

SON MATCH DE LÉGENDE

Le 29 mai 1968, à Wembley, en finale de la Coupe d'Europe face au Benfica Lisbonne, il marque au début de la prolongation le but qui propulse Manchester United vers sa première victoire dans cette compétition (4-1).

UN JOUEUR FACÉTIEUX

En 1976, avant d'affronter les Pays-Bas avec la sélection nord-irlandaise, George Best annonce qu'il infligera un petit pont à la star Johan Cruyff. Il réussit son geste et lève les bras au ciel comme s'il avait inscrit un but.

POP STAR

Il était surnommé
le cinquième
Beatles.

GRAND SÉDUCTEUR

En 1968,
il reçoit jusqu'à
10 000 lettres
par semaine.

**IRLANDAIS
DU NORD**
37 sélections en
équipe nationale
9 buts en
sélection

ÉTAT CIVIL
Né en 1946
Mort en 2005

POSTE
Ailier droit ou
avant-centre

CLUB MAJEUR
Manchester
United

DEUX PIEDS EN OR

Il est le meilleur
buteur de
Manchester United
6 ans de suite.

LE BIEN NOMMÉ

JOHAN CRUYFF

403

buts en 713 matchs officiels

Meilleur joueur offensif en Europe dans les années 1970, Johan Cruyff est l'un des plus grands artistes du football. Buteur et meneur de jeu imprévisible, il remporte trois Coupes d'Europe consécutives avec l'Ajax Amsterdam. Puis il met le cap sur l'Espagne et le FC Barcelone où il brille de mille feux. La Coupe du monde 1974 est le théâtre de ses exploits les plus fabuleux. Malgré la défaite des Pays-Bas en finale, il est la vedette de cette compétition. Devenu entraîneur, il prône encore un football offensif et spectaculaire.

INUSABLE

À 37 ans, Johan Cruyff remporte le Championnat et la Coupe des Pays-Bas 1984 avec Feyenoord Rotterdam. Et il marque un but lors de son dernier match !

SON BUT DE LÉGENDE

Le 22 décembre 1973, le FC Barcelone de Johan Cruyff affronte l'Atlético Madrid. Sur un centre venu de la gauche, la star barcelonaise dévie en plein vol le ballon dans la cage madrilène... avec son talon !

FAIR-PLAY

Johan Cruyff est le premier international hollandais à recevoir un carton rouge.

QUELLE FINESSE

Il était surnommé
« *El flaco* » (le maigre)
lorsqu'il jouait au
FC Barcelone.

L'UNIQUE

Star absolue,
pour des raisons
de contrat
publicitaire
exclusif avec une
autre marque,
il ne portait pas
sur ses manches
les trois bandes
Adidas comme
ses coéquipiers
de l'équipe
des Pays-Bas.

HOLLANDAIS
48 sélections
en équipe
nationale
33 buts en
sélection

ÉTAT CIVIL
Né en 1947
Mort en 2016

POSTE
Attaquant

CLUBS MAJEURS
Ajax
d'Amsterdam
et FC Barcelone

UN SACRÉ NUMÉRO

Johan Cruyff
portait presque
exclusivement
le numéro 14.

LE HOLLANDAIS VOLANT

CHA BUM-KUN

Première légende du football asiatique, cet attaquant coréen se fait connaître en Allemagne à la fin des années 1970. Élu meilleur joueur étranger en 1980, il gagne deux Coupes d'Europe avec l'Eintracht Francfort puis le Bayer Leverkusen. Vif, opportuniste, Cha Bum-Kun devient une star outre-Rhin, alors que la Bundesliga est le championnat le plus difficile. International à 19 ans, il participe, sans grand succès, à la Coupe du monde 1986 au Mexique comme joueur puis à celle de 1998 en France comme entraîneur.

TRANSFERT

Cha Bum-Kun est parti en Allemagne à 25 ans car il n'existait pas de championnat professionnel dans son pays.

372
matchs en Bundesliga

SERIAL BUTEUR

Quand il arrête sa carrière allemande en 1989, Cha Bum-Kun détient le record de buts pour un étranger en Bundesliga avec 98 buts inscrits.

DE PÈRE EN FILS

Le fils de Cha Bum-Kun est aussi footballeur et a joué comme son père à l'Eintracht Francfort. Comme les Djorkaeff, les Forlan ou les Maldini, ils font partie de la vingtaine de familles dont le père et le fils ont disputé une Coupe du monde.

PALMARÈS

Coupe UEFA
(1980, 1988)

Coupe de RFA
(1981)

BELLE DÉTENTE

Il marque de
nombreux buts
de la tête malgré
sa taille moyenne.

CORÉEN DU SUD
121 sélections en
équipe nationale
55 buts en
sélection

ÉTAT CIVIL
Né en 1953

POSTE
Attaquant

CLUBS MAJEURS
Eintracht
Francfort et
Bayer Leverkusen

GRAND ESPACE

Quand il file à grandes enjambées
le long de la ligne de but,
on ne peut plus l'arrêter.

GENTLEMAN

On dit de Cha Bum,
qui n'a reçu qu'un carton
jaune dans sa carrière,
que le fair-play
était sa religion.

BUM-BUM

MICHEL PLATINI

DÉCLARATION

«Je suis mort
un 17 mai 1985.»
(son dernier
match à 32 ans)

Quand son père l'accompagnait à l'entraînement, il lui disait : «Vois avant les autres.» Michel Platini a suivi ce conseil. Adepte d'un jeu simple, organisateur hors pair et buteur d'exception, Platini a réveillé le football français endormi depuis la brillante campagne de 1958. Avec les Bleus et la Juventus de Turin, où il termine sa carrière, il s'impose sur le terrain et dans l'équipe. Réputé pour la précision de ses coups francs et sa grande efficacité pour un milieu de terrain, il remporte toutes les compétitions sauf la Coupe du monde.

RÉCOMPENSES

3 Ballons d'or
(1983, 1984
et 1985)

PALMARÈS

Championnat
d'Europe
des nations
(1984)

Coupe d'Europe
des clubs
champions (1985)

Coupe des
vainqueurs de
Coupe (1984)

Champion
de France (1981)

Champion d'Italie
(1984-1986)

MAUDIT

Michel Platini était le capitaine de l'équipe de France battue par l'Allemagne lors de la fameuse demi-finale de la Coupe du monde de 1982 à Séville. Il avait marqué un but sur penalty pendant le match et réussi son tir au but mais cela n'avait pas suffi...

BUTS DE LÉGENDE

En 1978, lors d'un match contre l'Italie, Michel Platini inscrit un but sur coup franc qui est injustement refusé par l'arbitre. Plus tard, l'homme en noir siffle un autre coup franc et Platini marque à nouveau !

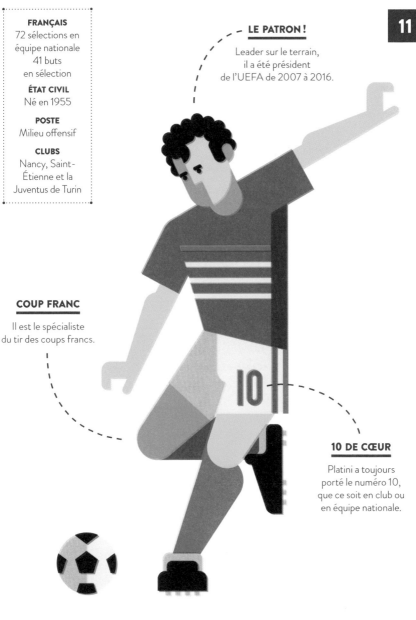

FRANÇAIS
72 sélections en
équipe nationale
41 buts
en sélection

ÉTAT CIVIL
Né en 1955

POSTE
Milieu offensif

CLUBS
Nancy, Saint-
Étienne et la
Juventus de Turin

LE PATRON !

Leader sur le terrain,
il a été président
de l'UEFA de 2007 à 2016.

COUP FRANC

Il est le spécialiste
du tir des coups francs.

10 DE CŒUR

Platini a toujours
porté le numéro 10,
que ce soit en club ou
en équipe nationale.

LE ROI DU COUP FRANC

DIEGO MARADONA

Star dès son plus jeune âge, le milieu de terrain argentin est au sommet de son art au milieu des années 1980 où il brille par son sens du jeu naturel et inventif. Aussi angélique que démoniaque, Diego Maradona offre à l'Argentine le trophée suprême lors de la Coupe du monde 1986 dont il est élu meilleur joueur avec 5 buts, 5 passes décisives et des gestes uniques. Dribbleur hors pair, Diego Maradona entre aussi dans la légende avec le modeste club de Naples qu'il amène au sommet du championnat italien et de l'Europe.

21

matchs en Coupe du monde

VEDETTE DE L'ÉCRAN

Auréolé de deux Palmes d'or à Cannes, le réalisateur serbe Emir Kusturica a réalisé en 2008 un film consacré à la vie de Maradona, footballeur et homme hors du commun.

LA « MAIN DE DIEU »

En 1986, l'Angleterre affronte l'Argentine lors de la Coupe du monde au Mexique, 4 ans après la guerre des Malouines. Battue sur le terrain militaire, l'Argentine prend sa revanche avec deux buts de Maradona, un de la main et un de génie.

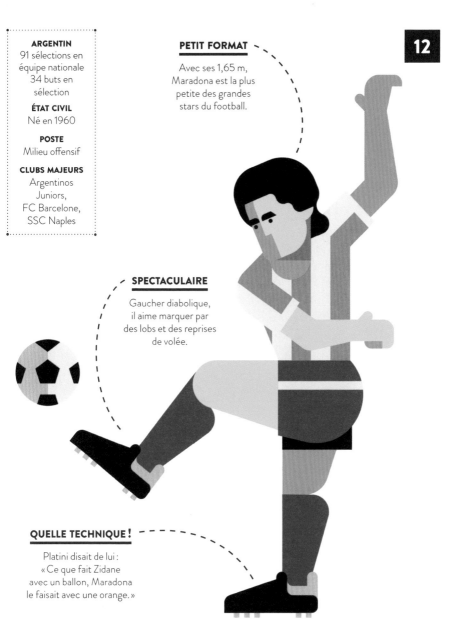

ARGENTIN
91 sélections en
équipe nationale
34 buts en
sélection

ÉTAT CIVIL
Né en 1960

POSTE
Milieu offensif

CLUBS MAJEURS
Argentinos
Juniors,
FC Barcelone,
SSC Naples

PETIT FORMAT

Avec ses 1,65 m,
Maradona est la plus
petite des grandes
stars du football.

SPECTACULAIRE

Gaucher diabolique,
il aime marquer par
des lobs et des reprises
de volée.

QUELLE TECHNIQUE !

Platini disait de lui :
« Ce que fait Zidane
avec un ballon, Maradona
le faisait avec une orange. »

EL PIBE DE ORO (LE GAMIN EN OR)

RECONVERSION

Marco van Basten devient entraîneur des Pays-Bas à moins de 40 ans, de 2004 à 2008, et parvient à qualifier la sélection orange pour l'Euro et la Coupe du monde.

MARCO VAN BASTEN

276

buts
en 373
matchs pro

Grand, puissant et aussi très technique, Marco van Basten possédait à la fois l'efficacité de Ruud van Nistelrooy et l'élégance de Johan Cruyff. Quatre fois meilleur buteur du championnat néerlandais, deux fois meilleur buteur du Calcio, l'avant-centre néerlandais est le meilleur attaquant européen de la fin des années 1980. Avec ses coéquipiers Ruud Gullit et Frank Rijkaard, qui jouent avec lui au Milan AC, il conduit les Pays-Bas vers leur unique succès international, l'Euro 88, dont il est élu meilleur joueur.

PALMARÈS

Championnat d'Europe (1988)

Coupe d'Europe des vainqueurs de coupes (1987)

Coupe des clubs champions (1989, 1990)

Championnat des Pays-Bas (1982, 1983, 1985)

Championnat d'Italie (1988, 1992, 1993)

PASSAGE DE TÉMOIN

Marco van Basten signe son premier contrat professionnel à l'Ajax d'Amsterdam et il joue son premier match l'année suivante en remplaçant... Johan Cruyff !

BUT DE LÉGENDE

En finale de l'Euro 88 en Allemagne, Marco van Basten, très excentré sur la droite de la surface de réparation, inscrit une reprise de volée dans un angle impensable. À 23 ans, il marque contre l'URSS le plus beau but de l'histoire de l'Euro.

RÉCOMPENSES

Marco van Basten a remporté trois Ballons d'or (1988, 1989 et 1992).

IMMENSE

Très grand (1,88 m),
van Basten était pourtant
réputé pour sa vivacité
exceptionnelle.

HOLLANDAIS
58 sélections
en équipe
nationale, 24 buts
en sélection

ÉTAT CIVIL
Né en 1964

POSTE
Attaquant

CLUBS MAJEURS
Ajax
d'Amsterdam
et AC Milan

TROP FRAGILE

Souvent blessé
aux genoux et à la cheville,
il arrête sa carrière
à 28 ans.

SOULIER D'OR

En 1986, il est le meilleur
buteur européen avec
37 buts en 26 matchs.

LA MACHINE À MARQUER

GEORGE WEAH

PALMARÈS

Champion
du Liberia (1987)

Champion
du Cameroun
(1988)

Champion
de France (1994)

Champion d'Italie
(1996, 1999)

RÉCOMPENSES

George Weah
a remporté
un Ballon d'or
européen (1995)
et a été élu deux
fois meilleur
joueur africain
(1994 et 1995).

Buteur exceptionnel, rapide, technique, le Libérien George Weah qui ne pouvait guère briller avec son pays a réussi une extraordinaire carrière en club. Après une saison au Tonnerre de Yaoundé (Cameroun), cet attaquant puissant rejoint l'Europe et des équipes prestigieuses comme Monaco, Paris Saint-Germain ou le Milan AC. George Weah n'a pas la chance de participer à une Coupe du monde mais il fait connaître le Liberia dans le monde entier en devenant la première star africaine à remporter le Ballon d'or.

UN CADEAU DU CIEL

Arsène Wenger, son entraîneur à Monaco, disait de lui : « Weah, ça a été la surprise. C'est le lapin en chocolat que le gosse découvre dans son jardin le jour de Pâques. Depuis, je n'ai plus jamais vu exploser un joueur comme il l'a fait ».

UN SLALOM MYTHIQUE

Le prolifique Weah marque son plus beau but contre Vérone sous les couleurs du Milan AC. Sur un corner tiré par l'adversaire, il contrôle le ballon dans sa propre surface, traverse le terrain, dribble les 7 défenseurs et trompe le gardien sans trembler.

RECONVERSION

Après sa carrière, il se présente aux élections présidentielles au Libéria (2005) mais il est battu. Il est élu sénateur en 2014.

AU SOMMET

L'attaquant libérien possédait un jeu de tête redoutable.

LIBÉRIEN
60 sélections en équipe nationale, 22 buts en sélection

ÉTAT CIVIL
Né en 1966

POSTE
Attaquant

CLUBS MAJEURS
Monaco, PSG, Milan AC

SUPERSTITIEUX

Pour les matchs importants, George Weah aimait porter des chaussures rouges.

QUEL ATHLÈTE !

Les longues jambes de George Weah et sa puissance physique lui permettaient d'échapper à tous les défenseurs.

MISTER GEORGE

PAOLO MALDINI

Défenseur au talent précoce, Paolo Maldini joue son premier match avec le Milan AC à 16 ans. Il restera toujours fidèle à ce club. Avec ses coéquipiers, Baresi, Costacurta et Tassotti, il forme une défense de fer et son club reste invaincu 58 matchs. Maldini a trois atouts rares chez un défenseur : il sait très bien dribbler, il est habile pour centrer en contre-attaque et il joue avec fair-play ! Avec la sélection italienne, il a moins de succès, puisque l'Italie est battue en finale de la Coupe du monde 1994 et lors de celle de l'Euro 2000.

901
matchs avec le Milan AC son seul et unique club

RÉCOMPENSES
Paolo Maldini a remporté 26 trophées.

PALMARÈS

Finaliste de la Coupe du monde (1994)

Finaliste de l'Euro (2000)

Ligue des champions (1989, 1990, 1994, 2003, 2007)

Champion d'Italie (1988, 1992, 1993, 1994, 1996, 1999, 2004)

AFFAIRE DE FAMILLE

En 2003, Paolo Maldini remporte la Ligue des champions comme son père Cesare l'avait fait en 1963. Dans l'histoire du football, cet événement n'est arrivé que deux autres fois, chez les Busquets (FC Barcelone) et les Sanchis (Real Madrid).

INUSABLE

Paolo Maldini a disputé 4 phases finales de Coupe du monde de 1990 à 2002 et joué 23 matchs ! Seul l'Allemand Lotthar Matthaus a disputé plus de rencontres (25). Contrairement à ce dernier, l'Italien n'a jamais gagné cette compétition.

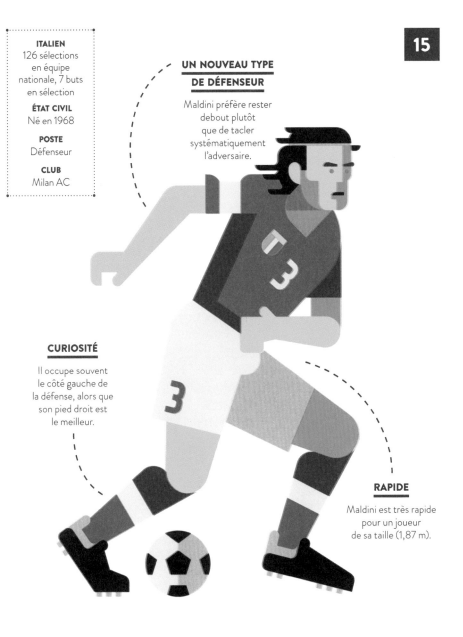

ITALIEN
126 sélections
en équipe
nationale, 7 buts
en sélection

ÉTAT CIVIL
Né en 1968

POSTE
Défenseur

CLUB
Milan AC

UN NOUVEAU TYPE
DE DÉFENSEUR

Maldini préfère rester
debout plutôt
que de tacler
systématiquement
l'adversaire.

CURIOSITÉ

Il occupe souvent
le côté gauche de
la défense, alors que
son pied droit est
le meilleur.

RAPIDE

Maldini est très rapide
pour un joueur
de sa taille (1,87 m).

LA CLASSE ITALIENNE

Il gagne
la Ligue des
champions dès
sa première année
d'entraîneur
du Real Madrid
(2016).

ZINÉDINE ZIDANE

108

sélections
en équipe
de France

Dribbleur diabolique, grand prince des roulettes et des passements de jambes, Zinédine Zidane est doté d'une technique hors du commun. Sa vision du jeu et son sens de l'anticipation en font un des meilleurs milieux offensifs de tous les temps. Pour couronner son talent, il reçoit le Ballon d'or en 1998 et le Ballon d'or du meilleur joueur de la Coupe du monde en 2006. Il met fin à sa carrière sportive la même année et devient entraîneur pour rester dans le football.

UN JOUEUR IMPULSIF

En 18 ans de carrière, il reçoit quatorze cartons rouges. Le mauvais geste que l'on retiendra : son coup de tête contre la poitrine de Materazzi lors de la finale de la Coupe du monde 2006 qui lui vaudra un carton rouge : expulsion !

SON MATCH DE LÉGENDE

Le quart de finale face au Brésil, de la Coupe du monde 2006, est le plus beau match de Zidane. « Je m'estime heureux d'avoir été témoin […]d'une des plus grandes prestations individuelles de tous les temps », a écrit Juca Kfouri, journaliste brésilien.

Il a marqué trois fois en finale de la Coupe du monde (deux buts en 1998 et un en 2006).

FORT DE LA TÊTE

Il a réussi l'exploit de marquer deux fois de la tête lors d'une finale de Coupe du monde (1998).

FRANÇAIS
108 sélections en équipe nationale

ÉTAT CIVIL
Né en 1972

POSTE
Milieu offensif

CLUBS MAJEURS
Juventus de Turin et Real Madrid

NUMÉRO FÉTICHE

N° 10 de l'équipe de France, il est le digne successeur de Platini.

10

PIEDS MAGIQUES

Fin technicien, il réalise avec facilité petits ponts, dribbles et roulettes.

L'ARTISTE COMPLET

DAVID BECKHAM

164

cartons
jaunes
en clubs !

Milieu de terrain polyvalent, bon en attaque et en défense, l'Anglais David Beckham est le maître à jouer de Manchester United, l'un des meilleurs clubs d'Europe à la fin des années 1990. Avec le club mancunien, il réalise en 1999 un triplé historique en gagnant le championnat et la coupe d'Angleterre ainsi que la Ligue des champions face au Bayern Munich. Transféré au Real Madrid dont il est l'un des Galactiques, il est élu meilleur joueur du club lors de la saison 2005-2006 et remporte la Liga la saison suivante.

PALMARÈS

Ligue des champions (1999)

Champion d'Angleterre (1996, 1997, 1999, 2000, 2001 et 2003)

Champion d'Espagne (2007)

Champion de France (2013)

BUT DE LÉGENDE

Le 17 août 1996, David Beckham affronte Wimbledon FC en coupe d'Angleterre avec Manchester United. Il n'a que 20 ans et il marque son premier but de légende, un lob incroyable alors qu'il est dans sa propre moitié de terrain !

FIER DE SON NUMÉRO

Beckham a eu l'honneur de porter le mythique n° 7 de Manchester : « Ça n'a jamais été mon maillot, mais celui de George Best, de Bryan Robson, d'Éric Cantona. La seule raison pour laquelle j'ai voulu porter le n° 7, c'est parce que ces joueurs-là l'ont porté. »

LE GUIDE

David Beckham
a été 59 fois capitaine
de l'équipe d'Angleterre.

ANGLAIS
115 sélections en
équipe nationale
17 buts
en sélection

ÉTAT CIVIL
Né en 1975

POSTE
Milieu polyvalent

CLUBS MAJEURS
Manchester
United,
Real Madrid,
L.A. Galaxy,
Milan AC, PSG

PLAYBOY

Mannequin vedette,
il soigne toujours
son look, même
sur les terrains.

RAMPE DE LANCEMENT

Il possède l'un des pieds
droits les plus précis
du monde, en particulier
pour le jeu long.

L'ICÔNE DU FOOTBALL

RONALDO

Il est récompensé par 2 Ballons d'or (1997 et 2002). Sous le maillot de Barcelone puis du Real Madrid, il est le plus jeune joueur et le premier Brésilien lauréat.

Meilleur avant-centre de l'époque contemporaine, Ronaldo Luis Nazário de Lima, dit Ronaldo, a fait trembler toutes les défenses avec la Seleção et ses clubs au Brésil, aux Pays-Bas, en Italie ou encore en Espagne. Joueur précoce, il part à 17 ans en Europe, au PSV Eindhoven, où il se fait remarquer avec 45 buts en 42 matchs de championnat lors de sa première saison. Attaquant puissant et explosif, il possède une technique hors du commun pour sa taille et une conduite de balle extraordinaire.

DES DÉBUTS RÉUSSIS

Lors de son deuxième match en Seleção, contre l'Islande, il marque un but, obtient un penalty et fait une passe décisive. Il fera bien d'autres exploits. À la fin de sa carrière, Ronaldo aura marqué une moyenne de 0,63 but par match international !

PALMARÈS

Coupe du monde
(1994, 2002)

Copa América
(1997, 1999)

Coupe de l'UEFA
(1998)

Champion
d'Espagne
(2003, 2007)

Coupe du Brésil
(1993, 2009)

Coupe d'Espagne
(1997)

LE SPÉCIALISTE

Ronaldo participe à quatre Coupes du monde : il gagne deux fois la compétition, atteint une fois la finale et est éliminé une fois en quart de finale. En 2002, il est le meilleur buteur de l'épreuve avec 8 buts et il est élu meilleur joueur de la finale !

Il fait le bonheur de 7 clubs entre 1993 et 2011.

15

buts
en Coupe
du monde

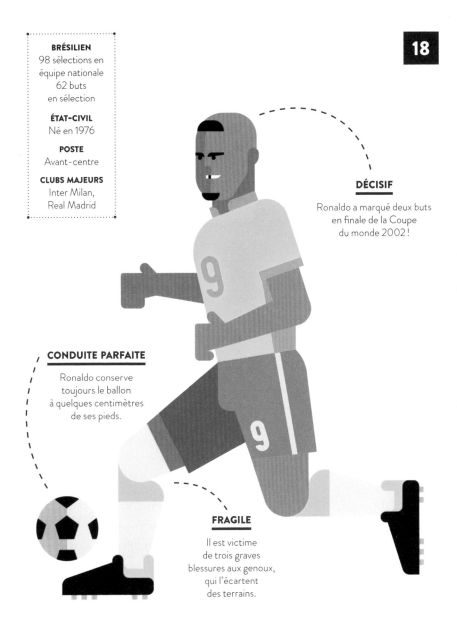

BRÉSILIEN
98 sélections en
équipe nationale
62 buts
en sélection

ÉTAT-CIVIL
Né en 1976

POSTE
Avant-centre

CLUBS MAJEURS
Inter Milan,
Real Madrid

DÉCISIF
Ronaldo a marqué deux buts
en finale de la Coupe
du monde 2002 !

CONDUITE PARFAITE
Ronaldo conserve
toujours le ballon
à quelques centimètres
de ses pieds.

FRAGILE
Il est victime
de trois graves
blessures aux genoux,
qui l'écartent
des terrains.

IL FENOMENO

DIDIER DROGBA

Révélé tardivement à l'Olympique de Marseille, l'attaquant ivoirien s'est imposé à Chelsea dès son arrivée en 2004. Puissant et rapide, très fort dans les duels à terre et dans les airs, Didier Drogba est réputé pour sa frappe de balle, surpuissante et précise. Joueur africain de l'année en 2006 et en 2009, il offre 3 ans plus tard au club londonien la première Ligue des champions de son histoire. Grand voyageur, il joue à la fin de sa carrière pour Shanghai en Chine, Galatasaray en Turquie et Montréal au Canada.

RÉCOMPENSE

En 2016, il est élu « meilleur joueur de l'histoire du club » par les supporters de Chelsea.

104
buts en Premier League

PALMARÈS

Ligue des champions (2012)

Champion d'Angleterre (2005, 2006, 2010, 2015)

Coupe d'Angleterre (2007, 2009, 2010, 2012)

Champion de Turquie (2013)

HUMANISTE

En 2007, Didier Drogba a créé une fondation dans le domaine de la santé et de l'éducation pour venir en aide aux populations ivoiriennes et africaines. Il a ouvert sa première clinique en 2014.

TOUT UN SYMBOLE

En 2006, la Côte d'Ivoire est qualifiée pour sa première Coupe du monde et c'est le capitaine Didier Drogba qui ouvre le score pour la sélection ivoirienne face à l'Argentine.

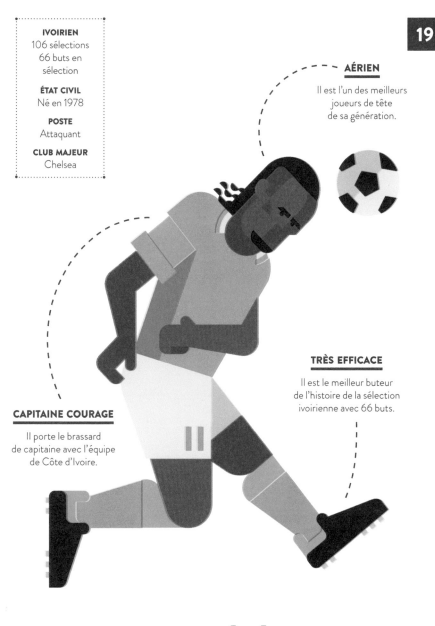

IVOIRIEN
106 sélections
66 buts en
sélection

ÉTAT CIVIL
Né en 1978

POSTE
Attaquant

CLUB MAJEUR
Chelsea

AÉRIEN

Il est l'un des meilleurs
joueurs de tête
de sa génération.

TRÈS EFFICACE

Il est le meilleur buteur
de l'histoire de la sélection
ivoirienne avec 66 buts.

CAPITAINE COURAGE

Il porte le brassard
de capitaine avec l'équipe
de Côte d'Ivoire.

LE ROI DES ÉLÉPHANTS

GIANLUIGI BUFFON

Après des débuts remarqués à Parme à 17 ans, ce gardien de but élégant rejoint les rangs de la Juventus de Turin. Avec plus de 20 saisons professionnelles, plus de 700 matchs en club et plus de 150 sélections, Gianluigi est devenu un mythe et l'un des meilleurs gardiens de l'histoire du football : il a été sélectionné lors de 5 Coupes du monde et en a gagné une ! Inusable, il a battu le record d'invincibilité en Italie en 2016, à 38 ans, en n'encaissant aucun but en championnat pendant 973 minutes, soit l'équivalent de plus de 10 matchs.

BEL ARRÊT

Contre la France, en finale de la Coupe du monde 2006, Buffon détourne une tête puissante de Zidane que tout le monde pensait victorieuse.

INCROYABLE

Il a choisi ce poste à 12 ans car il admirait le Camerounais Thomas Nkono, héros de la Coupe du monde 1990 en Italie.

175
sélections en équipe d'Italie

INESTIMABLE

Quand il quitte Parme pour la Juventus de Turin, les dirigeants piémontais cassent leur tirelire : le montant de son transfert, 53 millions, en fait le gardien de but le plus cher de l'histoire.

CHAMPION DU MONDE !

Lors de la Coupe du monde 2006, il n'a encaissé que deux buts dont un penalty. En finale face à la France, il offre probablement le titre à la Squadra azzura en détournant à la 103e minute une tête de Zidane que tout le monde voyait au fond !

PALMARÈS

Coupe du monde (2006)

Champion d'Italie (2002, 2003 et de 2012 à 2017)

Meilleur gardien du monde (2003, 2004, 2006, 2007 et 2017)

FÉLIN

Il est capable de
détendre ses 1,91 m
pour aller chercher
des ballons qui semblaient
inaccessibles.

ITALIEN
175 sélections en
équipe nationale

ÉTAT CIVIL
Né en 1978

POSTE
Gardien de but

CLUBS
Parme, Juventus
de Turin

LEADER NATUREL

Ne cesse de donner
ses consignes et n'hésite
ni à faire des reproches,
ni à encourager.

SUPERMAN

Buffon aime mettre
sous son maillot
le tee-shirt du
super-héros volant.

GIGI LA CLASSE

ZHENG ZHI

Pilier de la sélection chinoise dont il est rapidement devenu le capitaine, Zheng Zhi a la particularité d'avoir commencé sa carrière comme défenseur avant de devenir l'un des meilleurs milieux de terrain du monde, capable d'animer le jeu mais aussi de remporter ses duels. Depuis, il ne cesse d'alterner entre ces deux postes qu'il maîtrise avec autant de talent. Après plusieurs expériences au Royaume-Uni, Zheng Zhi est rentré en Chine et a trusté les titres avec son club de Guangzhou Evergrande.

RÉCOMPENSE

En 2013, Zheng a été élu footballeur asiatique de l'année pour ses performances en club et avec la sélection.

FAIR-PLAY

Capable de s'emporter, il a été suspendu 6 mois pour avoir insulté un arbitre en 2005.

PALMARÈS

Ligue des champions d'Asie (2013, 2015)

Super League chinoise (2004, 2006, 2011, 2012, 2013, 2014, 2015, 2016 et 2017)

AUX ORIGINES DU JEU

«Aller en Angleterre n'a pas été une décision difficile pour moi parce que j'ai toujours eu envie de jouer en Europe qui reste le cœur du football. »

DÉBUTS PRESTIGIEUX

Quand il a signé au Charlton Athletic, Zheng a fait ses débuts en Premier League en 2007 contre Manchester United, alors au sommet de son art, dans le stade mythique d'Old Trafford. Une expérience extraordinaire pour la star chinoise.

21

HYPER ACTIF

Zheng Zhi est réputé
pour son tempérament
de feu et collectionne
les cartons.

ÉTOILE DE L'EMPIRE DU MILIEU

Il a signé un bail de 13 ans
avec la sélection chinoise
de 2002 à 2015 et a porté
bien souvent le brassard
de capitaine !

GÉANT ROUGE

Avec ses 1,81 m,
il a toujours été l'un
des plus grands joueurs
de l'équipe de Chine.

CHINOIS
97 sélections
15 buts en
sélection

ÉTAT CIVIL
Né en 1980

POSTE
Milieu de terrain

CLUBS MAJEURS
Charlton Athletic
et Guangzhou
Evergrande

LE GRAND TIMONIER

SAMUEL ETO'O

Il a remporté **19** titres majeurs en club ou en sélection.

Éternel voyageur, le Camerounais Samuel Eto'o a joué dans 11 clubs et fait partie des rares stars ayant évolué au Real Madrid puis au FC Barcelone ! Quelle que soit son équipe, il a toujours montré un grand talent de buteur. Il a marqué 129 buts en 199 matchs avec le Barça et 53 fois en 102 rencontres avec l'Inter Milan. Capitaine de l'équipe du Cameroun, il a conduit les Lions indomptables au titre suprême lors des jeux Olympiques de Sydney (2000) et des Coupes d'Afrique des nations 2000 et 2002.

PROFESSIONNEL

Homme d'affaires avisé, Eto'o a créé son propre réseau téléphonique nommé « Eto'o Télécom » en 2011.

PALMARÈS

Médaille d'or aux JO (2000)

Coupe d'Afrique des nations (2000, 2002)

Ligue des champions (2006, 2009, 2010)

Champion d'Italie (2010)

Champion d'Espagne (2005, 2006, 2009)

PORTE-BONHEUR

Samuel Eto'o a réussi deux triplés d'affilée (championnat, Coupe nationale et Ligue des champions) avec deux clubs différents : en 2009 avec le FC Barcelone et en 2010 avec l'Inter Milan. Une performance extraordinaire.

CHACUN À SA PLACE

Samuel Eto'o est connu pour avoir une très haute estime de lui-même et un ego plutôt développé. Il a ainsi osé affirmer : « Je n'ai pas joué avec Lionel Messi, c'est Lionel Messi qui a joué avec moi. »

SÛR DE LUI

Eto'o dégage une telle
assurance qu'elle ressemble
parfois à de l'arrogance.

CAMEROUNAIS
117 sélections en
équipe nationale
56 buts
en sélection

ÉTAT CIVIL
Né en 1981

POSTE
Avant-centre

CLUBS MAJEURS
FC Barcelone,
Inter Milan

MACHINE À MARQUER

Il est le meilleur buteur
de l'histoire de la sélection
camerounaise et de l'histoire
de la Coupe d'Afrique
des nations !

DÉCLENCHEUR DE MISSILE

Eto'o peut marquer dans
toutes les situations mais
il n'est jamais plus précis
et puissant qu'avec
son pied gauche.

LE LION INDOMPTABLE

ZLATAN IBRAHIMOVIC

INCROYABLE

Star dans le monde entier, l'attaquant suédois a même 5 timbres à son effigie depuis 2014.

De père bosniaque et de mère croate, le fantasque Suédois à l'égo surdimensionné a joué dans les plus grands clubs du monde. Champion des Pays-Bas avec l'Ajax Amsterdam, d'Italie avec l'Inter puis le Milan AC, d'Espagne avec Barcelone et de France avec le PSG, il a inscrit plus de 400 buts dans toute sa carrière et une multitude d'ailes de pigeon dans la lucarne ou de reprises de volée surpuissantes. En 2017, il remporte la Ligue Europa contre l'Ajax d'Amsterdam avec son dernier club, Manchester United.

PALMARÈS

Champion des Pays-Bas (2002, 2004)

Champion d'Italie (2007, 2008, 2009, 2011)

Champion d'Espagne (2010)

Champion de France (2013, 2014, 2015 et 2016)

GRANDE GUEULE

Ibrahimovic n'est pas modeste. En partant du PSG, il a dit : « Je suis arrivé comme un roi, je pars comme une légende. » Il est vrai, quand même, qu'il a été élu meilleur joueur du championnat de France trois fois en 4 ans (entre 2013 et 2016) !

UN BUT INCROYABLE

Ibrahimovic réussit son but le plus spectaculaire avec la Suède contre l'Angleterre en 2012. Le ballon est dégagé de la tête par le gardien anglais, sorti loin de sa cage, et Ibra réussit un retourné des 30 m. Son quatrième but ce soir-là !

FAIR-PLAY

Joueur sanguin, il a reçu plus de cent cartons jaunes dans sa carrière.

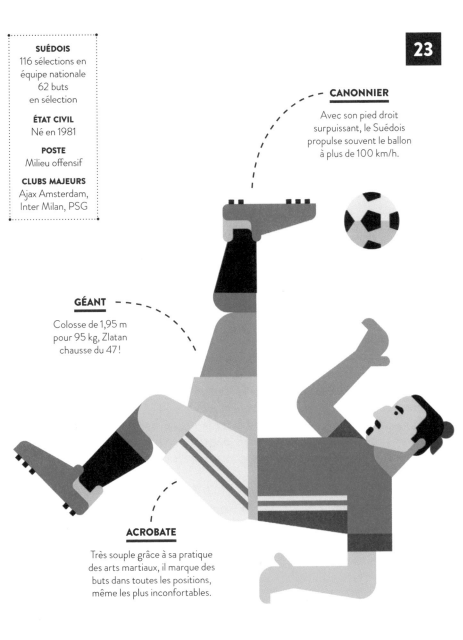

23

SUÉDOIS
116 sélections en
équipe nationale
62 buts
en sélection

ÉTAT CIVIL
Né en 1981

POSTE
Milieu offensif

CLUBS MAJEURS
Ajax Amsterdam,
Inter Milan, PSG

CANONNIER
Avec son pied droit
surpuissant, le Suédois
propulse souvent le ballon
à plus de 100 km/h.

GÉANT
Colosse de 1,95 m
pour 95 kg, Zlatan
chausse du 47 !

ACROBATE
Très souple grâce à sa pratique
des arts martiaux, il marque des
buts dans toutes les positions,
même les plus inconfortables.

IBRACADABRA

LANDON DONOVAN

Formé dans le club allemand de Leverkusen et brièvement joueur du Bayern Munich et d'Everton, ce Californien a surtout brillé dans le championnat américain, la Major League Soccer dont il est le meilleur buteur, et sous le maillot des États-Unis. Après la diffusion du soccer par des stars étrangères comme Pelé ou Beckenbauer, il fait partie des premiers footballeurs américains de très haut niveau. Milieu de terrain offensif, il est le seul à avoir inscrit plus de 50 buts et donné plus de 50 passes décisives en sélection.

7
fois meilleur joueur américain de l'année

PRÉCOCE

En octobre 2000, Landon Donovan est appelé pour la première fois en équipe nationale américaine lors d'un match contre le Mexique. Il a seulement 18 ans et met 17 minutes pour inscrire son premier but.

UN BUT EN OR

En 2010, il marque dans les dernières minutes le seul but du match contre l'Algérie et qualifie son pays pour le second tour. C'est l'un des buts les plus importants de l'histoire du soccer !

RECONVERSION

Il est devenu
commentateur
à la télévision.

AMÉRICAIN
157 sélections en
équipe nationale
57 buts en
sélection

ÉTAT CIVIL
Né en 1982

POSTE
Milieu offensif

CLUBS MAJEURS
Earthquakes de
San José, Galaxy
de Los Angeles

BUTEUR

Malgré son n°10,
Landon Donovan
a marqué bien plus
de buts qu'un n°9.

MIRACULÉ

Landon Donovan
a été attaqué
par un alligator
quand il était
adolescent.

SOCCER STAR

ANDRÉS INIESTA

Star du FC Barcelone auquel il reste fidèle toute sa carrière, ce milieu de terrain ultra-technique possède l'un des plus beaux palmarès de l'histoire du football, avec son club et sa sélection nationale. Le n° 8 des Blaugrana vit parfois dans l'ombre des stars Ronaldinho, Eto'o ou Messi mais il est celui qui joue le plus juste et le plus simple. Il est le seul joueur de l'histoire à avoir été désigné homme du match d'une finale de Coupe du monde, d'une finale de l'Euro et d'une finale de la Ligue des champions !

BUT DE LÉGENDE

Il offre à l'Espagne la Coupe du monde 2010 en marquant à la 116e minute contre les Pays-Bas.

30
trophées remportés

PALMARÈS

Coupe du monde (2010)

Euro (2008, 2012)

Ligue des champions (2006, 2009, 2011, 2015)

Champion d'Espagne (2005, 2006, 2009, 2010, 2011, 2013, 2015 et 2016)

Mondial des clubs (2011, 2015)

ADMIRÉ DE TOUS

En novembre 2015, le FC Barcelone lamine son ennemi intime, le Real Madrid, sur son propre terrain (0-4). Et pourtant, Andrés Iniesta quitte le terrain sous les applaudissements des spectateurs du stade Santiago Bernabeu.

LA CLASSE

« Leo Messi est le plus grand, mais Iniesta est celui qui joue le mieux au football », disait de lui l'immense Juan Riquelme qu'il a pourtant remplacé au milieu de terrain du Barça.

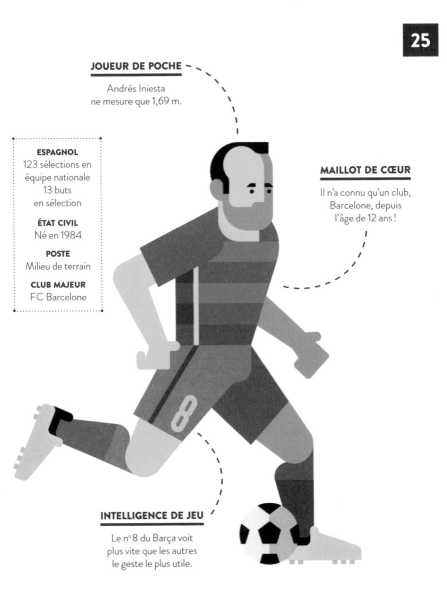

25

JOUEUR DE POCHE

Andrés Iniesta
ne mesure que 1,69 m.

ESPAGNOL
123 sélections en
équipe nationale
13 buts
en sélection

ÉTAT CIVIL
Né en 1984

POSTE
Milieu de terrain

CLUB MAJEUR
FC Barcelone

MAILLOT DE CŒUR

Il n'a connu qu'un club,
Barcelone, depuis
l'âge de 12 ans !

INTELLIGENCE DE JEU

Le n°8 du Barça voit
plus vite que les autres
le geste le plus utile.

EL MAESTRO

CRISTIANO RONALDO

260
buts
en Liga

Star de Manchester United puis du Real Madrid, Cristiano Ronaldo n'a qu'un rival dans le football des années 2010, Lionel Messi. Formé au Sporting de Lisbonne, il a transformé son jeu en quelques années. Lui qui enchaînait virgules, passements de jambes et petits ponts n'a plus qu'une obsession : le but adverse. Surnommé « CR7 » du fait de son numéro fétiche, il détient le record de buts inscrits sur une saison de Ligue des champions (17). Il est aussi le premier joueur du championnat espagnol à marquer plus de 30 buts chaque année !

PALMARÈS

Champion d'Angleterre (2007, 2008, 2009)

Euro (2016)

Mondial des clubs (2008, 2014)

Champion d'Espagne (2012 et 2017)

Ligue des champions (2008, 2014, 2016 et 2017)

SERIAL BUTEUR

Cristiano Ronaldo est l'un des plus grands attaquants de l'histoire : personne n'a marqué plus de buts que lui en Europe en 2008, 2011, 2014 et 2015 ! Un exploit car Cristiano n'occupe pas véritablement le poste d'avant-centre dans son club.

RECORDMAN

En septembre 2015, il dépasse le mythique Raul et ses 228 buts pour le Real en Liga après avoir inscrit... un quintuplé sur la pelouse de l'Espanyol. Raul avait établi ce record en 550 matchs, tandis que Ronaldo l'a égalé en 203 seulement.

26

PORTUGAIS
147 sélections
en équipe
nationale
79 buts
en sélection

ÉTAT CIVIL
Né en 1985

POSTE
Attaquant

CLUBS MAJEURS
Manchester
United et Real
Madrid

BEAU GOSSE

Il soigne son look
dans toutes
les circonstances.

AU SOMMET

« CR7 » possède
une détente
fabuleuse.

LA FORME !

Cristiano Ronaldo
ferait 3 000 abdos
par jour !

DROIT AU BUT !

MANUEL NEUER

Formé au FC Schalke 04, le successeur d'Oliver Kahn dans les buts du Bayern Munich et de l'équipe d'Allemagne joue comme un «goal volant». Il sort volontiers loin de sa cage et touche parfois un tiers de ses ballons hors de sa surface ! Il a d'autres qualités. Grand – 1,93 m –, il est aussi fort dans les airs que sur sa ligne, avec des réflexes incroyables lors des séances de penaltys. Vainqueur d'une Coupe du monde, d'une Ligue des champions et de 5 titres de champion d'Allemagne, il est aujourd'hui le gardien le plus complet au monde.

RÉCOMPENSE

Neuer a été élu meilleur gardien de la Coupe du monde 2014.

PALMARÈS

Coupe du monde (2014 et meilleur gardien de la coupe)

Mondial des clubs (2013)

Ligue des champions (2013)

Champion d'Allemagne (de 2013 à 2017)

Coupe d'Allemagne (2011, 2013, 2014 et 2016)

CHER GARDIEN

Le transfert de Neuer de Shalke 04 au Bayern Munich a coûté près de 25 millions d'euros, ce qui est cher pour un goal. Les dirigeants du Bayern n'ont pas à regretter : Neuer est meilleur que son prédécesseur de légende, Oliver Khan !

19

heures et 7 minutes en 2011, c'est son record d'invincibilité en championnat.

L'ANTI-RONALDO

« Je suis juste gardien de but, je ne suis pas l'ambassadeur d'une marque ou un mannequin qui pose en sous-vêtements. Je préfère me limiter au terrain. […] Après les matches, on montre toujours les buts […]. Les jolis arrêts, on ne s'en souvient jamais. »

27

LIBÉRO SUPPLÉMENTAIRE

Neuer n'hésite pas
à faire des têtes
en dehors de sa surface.

GANTS BIONIQUES

Ses relances
à la main atteignent
presque la surface
de réparation adverse.

ALLEMAND
74 sélections en
équipe nationale

ÉTAT CIVIL
Né en 1986

POSTE
Gardien de but

CLUBS
FC Schalke 04,
Bayern Munich

ULTRAPRÉCISION

Il fait des passes
décisives avec ses
relances au pied.

LE MUR DE MUNICH

SERGIO RAMOS

Il a reçu 19 cartons rouges en Liga avec le Real, un record.

PALMARÈS

Coupe du monde (2010)

Euro (2008 et 2012)

Champion d'Espagne (2007, 2008, 2012 et 2017)

Coupe d'Espagne (2011 et 2014)

Ligue des champions (2014, 2016 et 2017)

Formé au FC Séville, cet Andalou est devenu une star au Real Madrid en jouant à différents postes de la défense ou comme milieu récupérateur. Intraitable dans sa surface, Sergio Ramos a aussi un talent de buteur inhabituel, inscrivant plus de 20 buts lors de ses quatre premières saisons au Real. Il a ainsi marqué dans deux finales de Ligue des champions, un exploit pour un défenseur. International depuis 2005, Ramos fait partie des joueurs de champ les plus capés de l'histoire avec 149 sélections, série en cours...

HOBBY

Passionné par la tauromachie, il a failli en faire son métier.

10
buts en équipe nationale

DANS SA CHAIR

Après sa victoire lors de la Coupe du monde 2010 en Afrique du Sud, Sergio Ramos s'est fait tatouer le trophée de la Coupe du monde sur l'avant-bras.

CHAMPION !

Sous le maillot de sa sélection nationale, Sergio Ramos fait partie des sept joueurs qui ont remporté l'Euro 2008, la Coupe du monde 2010 et l'Euro 2012 en tant que titulaire, pour une triple couronne inédite dans l'histoire du football mondial.

28

ESPAGNOL
149 sélections
13 buts
en sélection

ÉTAT CIVIL
Né en 1986

POSTE
Défenseur central

CLUB MAJEUR
Real Madrid

AÉRIEN - - -

Excellent joueur
de tête, il inscrit
de nombreux buts,
souvent décisifs.

2 X 2

Au Real Madrid,
Sergio Ramos porte
le numéro 4 comme
l'emblématique
Fernando Hierro.

LEADER-NÉ

Ramos est le capitaine
du Real Madrid
et de la sélection
espagnole.

LE GUERRIER

LIONEL MESSI

Né à Rosario, la perle argentine du Barça règne sur le football depuis plus de 10 ans. Capable d'accélérations dévastatrices, ce pur gaucher doté d'une palette de dribbles étonnants peut éliminer plusieurs adversaires dans un petit périmètre. Grâce à son talent exceptionnel, le FC Barcelone a remporté une vingtaine de titres entre 2005 et 2011 dont quatre Ligues des champions. Dit la *Pulga* (la puce), Messi est moins heureux avec l'équipe d'Argentine – seul titre : la médaille d'or aux Jeux Olympiques de 2008.

RÉCOMPENSES

Messi a déjà reçu 5 Ballons d'or, le record absolu.

FAIR-PLAY

Le gentil Messi a été expulsé... lors de sa première sélection.

PALMARÈS

Coupe du monde des clubs (2009, 2011, 2015)

Ligue des champions (2006, 2009, 2011 et 2015)

Champion d'Espagne (2005, 2006, 2009, 2010, 2011, 2013, 2015 et 2016)

Coupe d'Espagne (2009, 2012, 2015, 2016 et 2017)

À **28** ans, il avait déjà gagné... 28 titres.

SON BUT DE LÉGENDE

Le 18 avril 2007, alors qu'il n'est âgé que de 19 ans, Messi joue face à Getafe en demi-finale de la Coupe du roi. Il reçoit le ballon dans son camp et remonte tout le terrain en dribblant six joueurs avant de marquer dans le but vide. *A star is born.*

LE JEU DANS LE SANG

« Ce qu'il y a de génial avec Lionel, c'est qu'il joue aujourd'hui comme il jouait à l'âge de 12 ans », déclarait Carles Rexach, l'homme qui a recruté Messi en 2000 pour le compte du FC Barcelone.

29

ARGENTIN
123 sélections en
équipe nationale
61 buts
en sélection

ÉTAT CIVIL
Né en 1987

POSTE
Milieu offensif

CLUB MAJEUR
Barcelone

IMMENSE JOUEUR

Messi mesure 1,69 m
mais il marque de la tête
même en finale de la Ligue
des champions.

10 DE CŒUR

Messi porte
son numéro fétiche
en club et sélection.

CANONNIER

Il est le meilleur
buteur de l'histoire
de la Liga.

LE PETIT PRINCE

SERGIO AGÜERO

Plus jeune joueur du championnat argentin avec l'Independiente, à l'âge de 15 ans et 35 jours, Sergio Agüero poursuit une carrière exceptionnelle en Europe depuis 2006. Il a été surnommé « Kun » par ses grands-parents car il ressemblait à Kum Kum, héros d'un dessin animé japonais que le petit Sergio regardait assidûment. Ce sobriquet est inscrit sur son maillot en club comme en sélection. Chouchou du public de l'Atlético Madrid puis de Manchester City, « Kun » est l'un des meilleurs n° 9 de sa génération.

RÉCOMPENSES

Agüero est l'un des rares joueurs à avoir gagné deux Coupes du monde des moins de 20 ans (en 2005 et 2007).

INCROYABLE

Sergio Agüero a été plusieurs années (2009-2013) le gendre de Diégo Maradona.

100

buts en 147 matchs de Premier League

L'ÉCLAIR

Le 3 octobre 2015, l'attaquant argentin de Manchester City a marqué cinq buts contre Newcastle. Cet exploit a de plus été réalisé en... 21 minutes. C'est le quintuplé le plus rapide de l'histoire du football anglais.

UN BUT EN OR

Le 13 mai 2012, Sergio Agüero marque face à Queens Park Rangers le but de la victoire à la 94ᵉ minute et offre le premier titre de champion d'Angleterre à Manchester City après jsute 44 ans d'attente !

PALMARÈS

Médaille d'or JO de Pékin (2008)

Ligue Europa (2010)

Champion d'Angleterre (2012, 2014)

30

ARGENTIN
84 sélections en
équipe nationale
36 buts en
sélection

ÉTAT CIVIL
Né en 1988

POSTE
Attaquant

CLUBS MAJEURS
Independiente,
Atlético Madrid,
Manchester City

CÉLÉBRATION

Il aime fêter ses buts
en écartant les bras
à l'horizontale.

MYTHIQUE

Son nom est tatoué
sur le bras mais traduit
en tengwar, une
des langues du
Seigneur des anneaux.

VIF-ARGENT

Trapu, le n° 10 argentin
est capable
d'accélérations
phénoménales
sur le terrain.

LE SURDOUÉ

TONI KROOS

Le montant de son transfert au Bayern, à 16 ans, a été jugé exorbitant par le président de son club Rostock.

Formé au Hansa Rostock, Toni Kroos évolue comme meneur de jeu ou plus rarement comme sentinelle devant sa défense. Sa qualité de passes à moyenne ou longue distance et sa grande précision sur coup franc ou corner en font un joueur adoré par ses coéquipiers et le pivot de la sélection allemande et de tous les clubs qu'il a fréquentés. Régulateur du jeu au Bayern Munich ou au Real Madrid, ce stratège du milieu de terrain sait en permanence et dans quelle situation il faut temporiser ou accélérer le tempo.

HOBBY

Tony Kroos a une passion pour les bassets et en possède plusieurs.

PALMARÈS

Coupe du monde (2014)

Ligue des champions (2013, 2016 et 2017)

Champion d'Allemagne (2008, 2013 et 2014)

Champion d'Espagne (2017)

JEUNE HOMME PRESSÉ

En 2007, Toni Kroos devient le plus jeune joueur du Bayern jouant en Bundesliga. Il a 17 ans et visiblement peur de rien : en 18 minutes, il fait deux passes décisives à Miroslav Klose, futur partenaire au sein de la Mannschaft.

DÉFENSIF ET OFFENSIF

Double buteur en 2 minutes en demi-finale du Mondial 2014 face au Brésil, l'enfant de Rostock a montré qu'il savait aussi bien défendre qu'attaquer ! Et comme il a réussi en plus une passe décisive, il est élu meilleur joueur du match.

1er

Kroos, premier champion du monde issu de l'ex-Allemagne de l'Est

31

LA CLASSE

Champion du monde,
le milieu allemand a été
le joueur le plus complet
du mondial 2014
selon la FIFA.

ALLEMAND
80 sélections en
équipe nationale
12 buts en
sélection

ÉTAT CIVIL
Né en 1990

POSTE
Milieu relayeur

CLUBS MAJEURS
Bayern Munich,
Real Madrid

CANONNIER

Sa frappe de balle
à trente mètres est
d'une puissance
phénoménale.

AMBIDEXTRE

Kroos a une particularité
presque unique à ce niveau
de performance,
il est aussi habile
du pied gauche
que du droit !

L'ENFANT PRODIGE

ANTOINE GRIEZMANN

Formé à la Real Sociedad, l'attaquant français a confirmé son immense talent à l'Atlético Madrid en marquant plus de 50 buts lors de ses deux premières saisons. Capable de jouer à tous les postes offensifs, doté d'une science du placement hors du commun, Antoine Griezmann s'est imposé comme un pilier de l'équipe de France et comme le digne successeur de Franck Ribéry. Régulier, décisif, le Mâconnais est devenu le meilleur attaquant français en 2016. Il ne lui reste plus qu'à remplir sa vitrine à trophées encore un peu vide.

TRANSFERT

Jugé trop petit par les clubs français, il part à 14 ans à San Sebastián dans le club basque de la Real Sociedad.

0

nombre de matchs joués en Ligue 1

PALMARÈS

Supercoupe d'Espagne (2014)

Finaliste de l'Euro (2016)

STAR DE LA PUB

Très apprécié par les supporters, Antoine Griezmann a été choisi par les internautes pour figurer sur la jaquette française du jeu FIFA 16 en compagnie de Lionel Messi.

C'EST ÉCRIT

Idéaliste, Antoine Griezmann a fait tatouer sur son bras la phrase de Saint-Exupéry : « Fais de ta vie un rêve et de ton rêve une réalité. »

HOBBY

Griezmann est un fan de basket-ball et de l'équipe des Chicago Bulls.

32

FRANÇAIS
49 sélections en
équipe nationale
19 buts
en sélection

ÉTAT CIVIL
Né en 1991

POSTE
Attaquant

CLUBS MAJEURS
Real Sociedad,
Atlético Madrid

ATTENTION CAPILLAIRE

Depuis ses débuts,
Antoine Griezmann
a arboré des dizaines
de coiffures différentes,
du crâne rasé
aux cheveux longs.

TOUT EN FINESSE

Avec ses 67 kg,
il est un poids plume
dans le monde des joueurs
offensifs modernes.

BONNE HUMEUR

L'attaquant français
est l'une des rares stars
du football mondial
à être toujours souriante.

LE FEU FOLLET

EDEN HAZARD

Petit et rapide, l'attaquant belge adore éliminer deux ou trois adversaires en un seul dribble. Passements de jambes, flip-flap, double contact, il possède une virtuosité technique exceptionnelle. Très précoce, Eden Hazard a été élu, sous les couleurs lilloises, meilleur espoir du championnat français (2009 et 2010) puis meilleur joueur (2011 et 2012). Convoité par les plus grands clubs européens, il a signé à Chelsea et a confirmé avec les Blues et avec les Diables rouges son immense talent créatif.

INCROYABLE

Il fait partie des rares joueurs ayant marqué 10 fois en une saison de L1 à moins de 20 ans.

PALMARÈS

Champion de France (2011)

Coupe de France (2011)

Champion d'Angleterre (2015 et 2017)

Ligue Europa (2013)

EN FANFARE

Pendant l'été 2012, le maître à jouer des Diables rouges devient, sous le maillot de Chelsea, le premier à remporter le titre de meilleur joueur du match lors de ses quatre premières rencontres de Premier League.

CADEAU D'ADIEU

Après avoir brillé sous les couleurs du LOSC (club de Lille), Eden Hazard quitte le club en signant son premier triplé face à Nancy lors de son dernier match avec les Dogues. Le moment était bien choisi, après 147 matchs de Ligue 1.

1re sélection à 17 ans

33

BELGE
81 sélections en
équipe nationale
21 buts en
sélection

ÉTAT CIVIL
Né en 1991

POSTE
Milieu offensif

CLUBS MAJEURS
Lille, Chelsea FC

LEADER TECHNIQUE

Il est le capitaine
de l'équipe de Belgique
lors de l'Euro 2016.

TRÈS RAPIDE

Il est capable d'accélérer
le jeu en quelques
secondes et de réaliser
des enchaînements
de dribbles beaucoup
plus vite que les autres.

VIRTUOSE DES TERRAINS

Artiste du ballon rond,
Eden Hazard adore
les beaux gestes comme
le coup du foulard
qu'il tente très souvent.

LE DIABLE ROUGE

NEYMAR

Formé comme le roi Pelé au Santos FC, l'attaquant du PSG est l'un des joueurs offensifs les plus spectaculaires de la planète football. Buteur, technicien hors norme, passeur, dribbleur, il est sur le point de devenir l'égal de Cristiano Ronaldo et de Lionel Messi, son ancien partenaire en club à Barcelone. Capable d'éliminer n'importe quel adversaire par sa vivacité, Neymar n'a qu'un regret, ne pas avoir remporté la Coupe du monde organisée dans son pays en 2014. Mais il est encore jeune et son palmarès est déjà très éloquent.

PROFESSIONNEL

À 25 ans, Neymar possède un jet privé, un hélicoptère et un yacht.

PALMARÈS

Coupe du Brésil (2010)

Champion olympique (2016)

Copa Libertadores (2011)

Champion d'Espagne (2015 et 2016)

Coupe d'Espagne (2015, 2016 et 2017)

Ligue des champions (2015)

INCROYABLE

Neymar a déjà sa statue en cire au musée Tussaud de Londres.

14 ans, premier contrat professionnel

QUEL BUT!

En 2011, Neymar affronte Flamengo. Parti du milieu du terrain, l'avant-centre de Santos dribble deux adversaires, s'appuie sur un partenaire, fait un grand pont sur le dernier défenseur et marque. Un chef-d'œuvre, plus beau but FIFA de l'année!

DOMMAGE

En 2005, le Brésilien est sollicité par le Real pour passer des tests en même temps que Robinho. Le jeune prodige n'a que 13 ans mais les Madrilènes sont conquis. Malheureusement pour eux, le Santos s'oppose au transfert.

34

AMATEUR DE COUPES

La coiffure de Neymar
est toujours très étudiée.

BRÉSILIEN
83 sélections en
équipe nationale
53 buts
en sélection

ÉTAT CIVIL
Né en 1992

POSTE
Attaquant

CLUB MAJEUR
FC Barcelone,
PSG

LE VIRTUOSE

Râteau, double contact,
passements de jambes
à vitesse grand « V »,
Neymar est
un dribbleur né.

PRÉCOCE

Il a été capitaine
de l'équipe du Brésil
à 23 ans.

ULTRA-CRÉATIF

MARCO VERRATTI

Venu de Pescara où il débute sa carrière professionnelle à 16 ans, Verratti est un phénomène de précocité. Recruté en 2013 par le PSG, il a su se rendre indispensable comme milieu de terrain, reléguant des internationaux plus confirmés que lui. Du haut de son 1,65 m, le petit Italien n'a peur de rien sur le terrain et récupère un très grand nombre de ballons avec son jeu agressif. Mais Marco Verratti n'est pas qu'un destructeur, ses dribbles et ses accélérations transpercent presque systématiquement la défense adverse.

FAIR-PLAY

Lors de ses deux premières saisons au PSG, il a reçu 22 cartons jaunes.

12
titres remportés avec le PSG en trois saisons

HYPER ACTIF

Plaque tournante du milieu de terrain, l'international italien a touché 160 ballons lors de la 11e journée de Ligue 1 PSG-Saint-Étienne de 2015. Il est le premier joueur à franchir cette barre depuis la création des statistiques en 2008.

COMPLIMENT DE CHOIX

Xavi, l'ancienne idole du FC Barcelone, est un fan absolu : «J'aime le voir jouer, j'aime sa vision du jeu, j'aime son jeu de passes, il ne perd presque jamais le ballon. C'est un joueur d'un niveau exceptionnel.»

PALMARÈS

Champion de France (2013, 2014, 2015, 2016)

Coupe de France (2015, 2016 et 2017)

Coupe de la Ligue (2014, 2015, 2016 et 2017)

35

TECHNICIEN HORS PAIR

Très habile avec le ballon,
il est un ancien n°10.

ITALIEN
24 sélections en
équipe nationale
1 but en sélection

ÉTAT CIVIL
Né en 1992

POSTE
Milieu de terrain

CLUB MAJEUR
Paris
Saint-Germain

PEUT MIEUX FAIRE

Verratti ne marque
presque jamais de but.

CRAMPONS ACÉRÉS

Verratti est redouté
pour ses tacles
tranchants.

LE CRACK ITALIEN

PAUL POGBA

PALMARÈS

Coupe du monde
des moins
de 20 ans (2013)

Finaliste
de l'Euro (2016)

Coupe d'Italie
(2015, 2016)

Champion d'Italie
(2013, 2014,
2015, 2016)

Ligue Europa
(2017)

Paul Pogba a gravi tous les échelons de la gloire à grande vitesse, devenant, à 20 ans à peine, titulaire indiscutable à la Juventus de Turin puis en équipe de France. Surnommé «la pioche», ce gaillard de 1,91 m ratisse tous les ballons et gagne presque tous ses duels. Prototype du joueur moderne, il est capable d'être le chef d'orchestre de son équipe, d'éliminer une série d'adversaires par des dribbles insaisissables et de marquer de loin avec sa frappe lourde. Ces qualités ont séduit Manchester United qui l'a engagé à prix d'or en 2016.

RÉCOMPENSE

Paul Pogba
a été élu meilleur
jeune de la Coupe
du monde 2014.

4

fois champion
d'Italie
à seulement
23 ans

BUT DE LÉGENDE

Lors de la saison 2015-2016, pour la 20ᵉ journée de Série A italienne, Paul Pogba inscrit une volée somptueuse des 25 m que le gardien napolitain ne peut qu'effleurer. Le geste du jeune milieu de terrain de la Juventus est aussi puissant que parfait.

FUTURE STAR

Rio Ferdinand, défenseur mythique de Manchester United et ancien capitaine de la sélection anglaise, a un avis catégorique sur le talent de Paul Pogba : « C'est un joueur de classe mondiale. Il a le potentiel pour gagner le Ballon d'or. »

36

FRANÇAIS
49 sélections en
équipe nationale
8 buts
en sélection

ÉTAT CIVIL
Né en 1993

POSTE
Milieu relayeur

CLUBS MAJEURS
Juventus de Turin
et Manchester
United

NEW LOOK

Pogba aime changer
de coiffure pour
les grandes occasions.

HIP-HOP

Paul Pogba fête
souvent ses buts
avec un geste
de rappeur.

TECHNICIEN

Pogba a un toucher
de balle extraordinaire
pour un milieu défensif.

UN STYLE QUI DÉCOIFFE

MIA HAMM

La poupée footballeuse chez Barbie a été baptisée de son nom en son honneur de même qu'un building de Nike, son équipementier.

PALMARÈS

Coupe du monde (1991, 1999)

Championne olympique (1996, 2004)

Médaille d'argent aux jeux Olympiques (2000)

Footballeuse la plus célèbre dans les années 1990, l'attaquante américaine joue la plus grande partie de sa carrière dans l'équipe de son université avant la création du championnat de soccer féminin professionnel aux États-Unis. Elle se fait connaître dans le monde entier avec la sélection américaine où elle brille par la finesse de sa technique, la puissance de sa frappe et son efficacité devant les buts adverses. Élue meilleure joueuse américaine chaque année, de 1994 à 1998, elle reste très populaire, même après sa retraite sportive.

PROFESSIONNEL

Elle a débuté en équipe nationale en 1987, à l'âge de 15 ans seulement.

275
sélections

POLYVALENTE

Milieu de terrain ou attaquante, Hamm joue même gardienne de but contre le Danemark pour suppléer la titulaire, exclue alors qu'il n'y a plus de remplacement possible.

DOUBLE SUCCÈS

En 1999, elle gagne sa seconde Coupe du monde, organisée aux États-Unis en battant la Chine en finale aux tirs au but. Ce match réunit plus de 90 000 spectateurs, un record d'affluence pour un événement sportif féminin dans le pays.

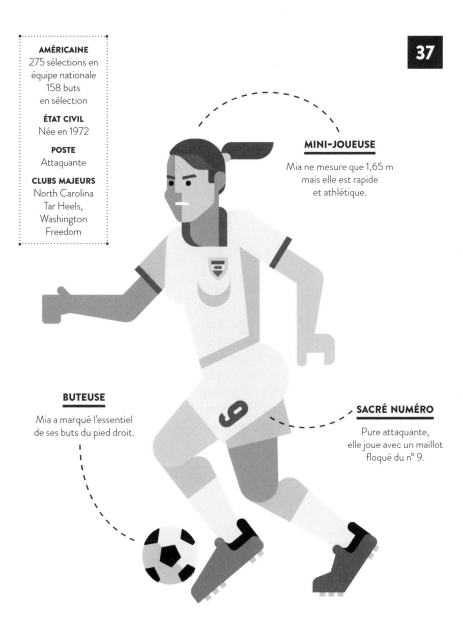

37

AMÉRICAINE
275 sélections en
équipe nationale
158 buts
en sélection

ÉTAT CIVIL
Née en 1972

POSTE
Attaquante

CLUBS MAJEURS
North Carolina
Tar Heels,
Washington
Freedom

MINI-JOUEUSE

Mia ne mesure que 1,65 m
mais elle est rapide
et athlétique.

BUTEUSE

Mia a marqué l'essentiel
de ses buts du pied droit.

SACRÉ NUMÉRO

Pure attaquante,
elle joue avec un maillot
floqué du n° 9.

LA FEMME AUX PIEDS D'OR

NADINE ANGERER

Après avoir honoré sa première sélection, en 1996, avec une victoire 3-0 de l'Allemagne sur les Pays-Bas, Angerer a dû attendre une dizaine d'années avant de devenir une titulaire indiscutable de la Mannschaft. Depuis, cette gardienne a brillé dans toutes les compétitions internationales grâce à sa qualité de placement et à ses réflexes, remportant de nombreux titres européens et mondiaux. En club, elle a joué dans les meilleures équipes allemandes avant de tenter l'aventure des championnats suédois, australien et américain.

BEL ARRÊT
En demi-finale de la Coupe du monde 2015, elle stoppe d'une belle parade réflexe vers sa droite une reprise de volée d'une française qui prenait le chemin des filets.

146
sélections en équipe nationale

PALMARÈS

Coupe du monde (2003 et 2007)

Championne d'Europe (1997, 2001, 2005, 2009 et 2013)

Médailles de bronze aux jeux Olympiques (2000, 2004, 2008)

Coupe UEFA (2005)

Ballon d'or féminin (2013)

INFRANCHISSABLE

Lors de la Coupe du monde 2007, Nadine Angerer n'a encaissé aucun but pendant toute la compétition et arrêté en finale un penalty de la star brésilienne Marta. Lors de l'Euro 2013, elle fait encore mieux en stoppant deux penaltys en finale.

SIGNE DU DESTIN

Nadine Angerer a longtemps joué attaquante dans les équipes de jeunes. Elle a changé de poste après avoir remplacé sa gardienne de but blessée lors d'un match.

«THE BOSS»

Elle a été capitaine
de l'équipe d'Allemagne
à la fin de sa carrière.

ALLEMANDE
146 sélections en
équipe nationale

ÉTAT CIVIL
Née en 1978

POSTE
Gardienne de but

CLUBS MAJEURS
FFC Turbine
Potsdam, FFC
Francfort

À DROITE

Du pied droit,
elle est capable de
relancer rapidement
ses attaquants.

FORTE SUR SA LIGNE

Nadine Engerer a arrêté
des dizaines de penaltys.

L'INVINCIBLE

MARTA

Elle est recrutée à

14

ans par le club Vasco de Gama.

PALMARÈS

Jeux panaméricains (2003, 2007)

Ligue des champions (2004)

Championne de Suède (2005, 2006, 2007, 2008, 2012)

Petite par la taille mais immense par le talent, Marta est probablement «la» joueuse de l'histoire du football. Formée par ses frères dans les rues de son village de Dois Riachos, dans le nord-est du Brésil, elle en garde un jeu spontané, rapide et incroyablement créatif. Vite repérée, elle est internationale et vit sa première Coupe du monde à 17 ans, comme Pelé, l'idole de son peuple. Très douée, virevoltante, Marta est la star du ballon rond au féminin. Mais elle n'a pas encore réalisé son rêve, gagner la Coupe du monde !

UNE LÉGENDE

La Fifa l'a nommée 5 fois de suite meilleure joueuse de l'année, de 2006 à 2010. Aucune autre footballeuse ne peut se prévaloir d'un tel palmarès, d'autant plus qu'elle a aussi fini 4 fois deuxième de ce prestigieux classement !

LA PIONNIÈRE

L'empreinte de son pied a été immortalisée dans le ciment de l'enceinte du stade Maracanã de Rio de Janeiro après la finale remportée lors des Jeux panaméricains en 2007. Elle est la première joueuse à avoir cet honneur à la suite des géants du football brésilien.

QUELLE EFFICACITÉ !

Marta a inscrit
près d'un but
par match
en sélection.

BRÉSILIENNE
101 sélections en
équipe nationale
105 buts
en sélection

ÉTAT CIVIL
Née en 1986

POSTE
Attaquante

CLUBS
Santos FC
(Brésil) et
FC Rosengård
(Suède)

AÉRIENNE

Marta marque
dans toutes
les positions.

LA STAR

Elle porte le même
numéro que Pelé.

LA PERLE BRÉSILIENNE

AMANDINE HENRY

Sélectionnée plus de 50 fois en équipe de France, véritable muraille devant sa défense, Amandine Henry fait régner la loi au milieu du terrain où elle brille par sa capacité à récupérer les ballons adverses et sa qualité de passe exceptionnelle. Très technique, puissante et dotée d'une frappe de balle impressionnante, l'internationale française a aussi terminé deuxième meilleure buteuse de la Coupe du monde 2015 au Canada. Ses talents défensifs et offensifs sont désormais connus dans le monde entier.

RÉCOMPENSE

Amandine Henry a été élue Ballon d'argent à la Coupe du monde 2015.

9
titres de championne de France

PALMARÈS

Championne de France (2008, 2009, 2010, 2011, 2012, 2013, 2014, 2015, 2016)

Championne des États-Unis (2017)

Coupe de France (2012, 2013, 2014, 2015 et 2016)

Ligue des champions (2011, 2012, 2016)

SUCCÈS AUX ÉTATS-UNIS

Amandine Henry rejoint en 2016 les Thorns de Portland. Elle est la cinquième Française à jouer pour un club professionnel américain mais la première à être recrutée avec un statut de star.

FRAPPE SUPERSONIQUE

Lors du match France-Mexique de la Coupe du monde 2015, Amandine Henry déclenche un tir de près de 30 m. Le ballon se loge dans la lucarne de la gardienne mexicaine, impuissante face à cette frappe très violente et lourde.

FRANÇAISE
61 sélections en
équipe nationale
6 buts
en sélection

ÉTAT CIVIL
Née en 1989

POSTE
Milieu de terrain

CLUB MAJEUR
Olympique
lyonnais

COMPLÈTE

Amandine Henry est
droitière mais elle marque
aussi des buts fantastiques
du gauche.

PAIRE DE FRANCE

Avec les Bleues et
dans ses clubs, Amandine
Henry porte le n° 6.

AÏE, AÏE, AÏE !

Longtemps handicapée
par un genou douloureux,
elle a subi une greffe
du cartilage !

LA CONQUÉRANTE

CHRONOLOGIE

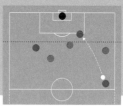

1863

Création en Angleterre de la première fédération de football et adoption des 17 premières lois du jeu. C'est la séparation officielle du football et du rugby.

1925

Le hors jeu change : le nombre minimum de joueurs entre l'attaquant et le but passe de 3 à 2 au départ du ballon lorsqu'il est passé à l'attaquant : ici, il est effectivement hors jeu.

1930

La première Coupe du monde est organisée en Uruguay (Amérique du Sud).

1866

Pour le hors jeu, la règle est alors : au moins trois joueurs entre l'attaquant et le but. Ici, le joueur bleu avec le ballon est hors jeu.

1930-1950

Les Anglais popularisent une tactique – le WM – avec 3 défenseurs, 2 milieux défensifs, 2 milieux offensifs et 3 attaquants. La ligne d'attaque forme un W, celle des défenseurs un M.

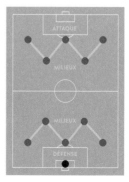

1891

Apparition du penalty. Jusqu'en 1902, il peut être tiré de n'importe quel endroit sur une ligne tracé à 11 m du but.

1963

La tactique du *catenaccio* s'impose
en Europe. Venue de l'Inter de Milan,
elle vise à détruire, avec 8 joueurs
en défense, les offensives adverses
pour contre-attaquer.

1991

La première Coupe du monde féminine
est organisée en Chine.

1995

Le hors jeu n'est plus une faute en soi,
tout dépend du joueur hors jeu,
c'est-à-dire s'il participe ou non
au jeu en cours.

ANNÉES 1970

Mis au point à l'Ajax d'Amsterdam,
le football total oblige chaque joueur
à attaquer et à défendre !

ANNÉES 2010

Le 4-3-3 du FC Barcelone domine.
Les latéraux sont d'excellents contre-
attaquants, les passes se multiplient
et toute l'équipe fait un pressing.

1990

Les joueurs doivent porter
des protège-tibias en compétition.
Le hors jeu évolue : l'attaquant sur
la même ligne que l'avant dernier joueur
adverse n'est plus hors jeu.

Direction éditoriale Thomas Dartige
Édition Éric Pierrat
Direction artistique Élisabeth Cohat
et Jean-François Saada
Graphisme Anaïs Lemercier
Correction Aurore Delvigne et Isabelle Haffen
Fabrication Nadège Grézil
Photogravure IGS-CP (16)

ISBN 978-2-07-060386-2
© 2017 Gallimard Jeunesse, Paris
Loi n° 49-956 du 16 juillet 1949
sur les publications destinées à la jeunesse
Premiet dépôt légal : février 2017
Dépôt légal : avril 2018
Numéro d'édition : 335107
Imprimé en Italie par Canale